子育てハッピーエッセンス100%

スクールカウンセラー・医者
明橋大二 著
イラスト✻太田知子

1万年堂出版

はじめに

私が、毎週スクールカウンセラーとして出かけている小学校の図書室には、『子育てハッピーアドバイス』シリーズがそろえてあります。

ある日、先生から言われました。

「あの本、いっつも貸し出し中なんですよ」

学校の図書室なので、大人はほとんど出入りしません。

どうやら、子どもたちが、順番に借りていくらしいのです。

そんなとき、あるお母さんから言われました。

「うちの子、どうしてだか、あの本が大好きなんですよ。先日も言われました。

『お母さん、ここに、抱《だ》っこしてって書いてあるよ。もっと、抱《だ》っこしてー』

こないだなんか、私が、ついガミガミ叱《しか》ってていたら、この本持ってきて、『お母さん、子どもをあんまり叱《しか》っちゃだめなんだよ』って言うんです。

ほんとに、困ったもんですー」


笑顔でおっしゃるお母さんの話を聞きながら、とてもいい親子のコミュニケーションをとっておられるな、と感じたのでした。

そして、この本が、子どもがなかなか言葉にならない自分の気持ちを親御《おやご》さんに伝える、きっかけとなってくれるなら、これほどうれしいことはないと思うのです。

『ハッピーアドバイス』シリーズは、一年間で、一六五万部という、驚《おどろ》くほど

の多くの方に手にとっていただきました。子育て中のお母さんはもちろん、子どもから、おじいちゃんおばあちゃんの世代まで、幅広《はばひろ》い年代の人が読んでくださり、また読んだ人が、また別の人に勧《すす》める、という、本当に多くの人の応《おう》援《えん》のおかげで、今日《こんにち》に至ったこと、心から感謝しています。

この『子育てハッピーエッセンス100%』は、そんな『ハッピーアドバイス』シリーズの、大切なところを抜《ぬ》き出《だ》して、一冊の本にまとめたものです。読者の方のアイデアから、どこにでも持ち歩けるように、本のサイズもコンパクトなものにしました。子育てに疲《つか》れたとき、仕事の合間にふと子どものことが頭をよぎったとき、この本の一ページを開いて、子育てでいちばん大切なこ

と、もう一度、思い出していただければ幸いです。
日本の子どもたちの未来が、輝《かがや》けるものになることを、心から願ってやみません。

明橋《あけはし》 大二《だいじ》

エッセンスマークの使い方

このマークは、『子育てハッピーアドバイス』シリーズの中のどのエッセンスかを掲載しています。もっと詳しく知りたい方に、とっても便利です。

（例）

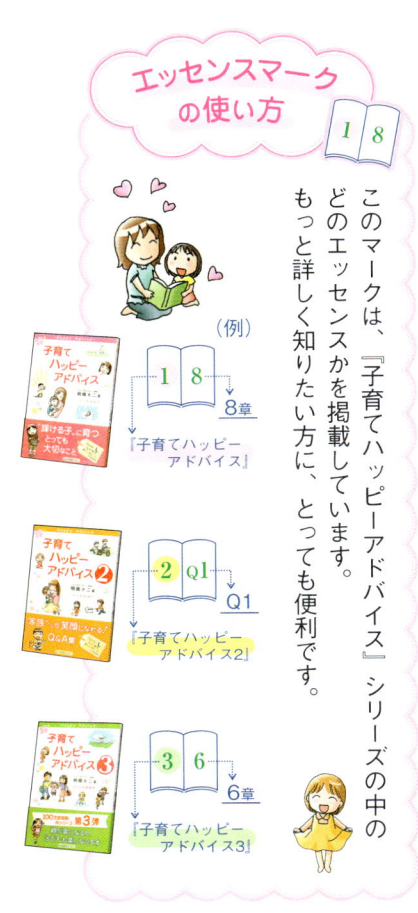

1

子どもにとっても、
大人にとっても、
およそ人間が生きていくうえで、
甘《あま》えは絶対に必要なものです。

18

2

10歳までは徹《てっ》底《てい》的《てき》に甘《あま》えさせる。

そうすることで、
子どもはいい子に育つ。

18

3

いくつで親になろうが、
みんな最初は、素人《しろうと》ですし、

「子育てに自信がない」のがふつうなのです。

未熟なまま、子どもを生んで、それから、
子どもと一緒《いっしょ》に、成長していくのです。

ぜひ、自信がないことに、
自信を持ってください。

3 Q1

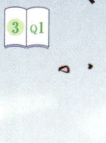

4

親が肩《かた》の力を抜《ぬ》くと、
親が楽になります。
親が楽になると、
子どもも楽になります。

36

5

親も子どもも、外では、
いろいろと気を遣《つか》って、疲《つか》れているのです。
せめて家庭だけでも、ほっとしたい、と
みんなが願っているのではないでしょうか。

36

6

「ありがとう」

「助かったよ」

「うれしいよ」

という言葉を
どんどん使いましょう。

1 5

7

大人は、子どもには、

「ありがとうは？　ありがとうは？」

と、よく求めます。

しかし、大人から子どもに
「ありがとう」と言うことは、
案外、少ないのではないでしょうか。

1　5

8

「がんばれ」より、「がんばってるね」と認めるほうがいい。

14

9

子どもなりにがんばっているところがあるのです。
そういう子どもに、
「がんばれ、がんばれ」だけじゃなく、
「おまえもけっこう
がんばってるな、ご苦労さん」
と言ったほうが、
かえって元気が出てきます。

14

10

これだけ私が言っても聞かない子なんだから、
この子は、こういう子なんだわ、
この子はこれ以上どうしようもないんだわ、
私もやれるだけのことはやってるし、
この子もこの子なりにやってるわ、

と、いったん、あきらめてみることも
必要だと思います。

2 Q8

11

この子もダメ、
母親もダメ、ではなくて、
この子もけっこういいとこある、
私もけっこういい子育てしてる、
と思ってほしいのです。

そしてそれはきっと事実です。

2 Q8

12

仕事から帰って、5分でも10分でも、一緒《いっしょ》にいる時間があるなら、その時間を大切にしてください。

「あれしなさい、これしなさい」と、
叱《しか》ったり命令したりする時間でなく、
今日あったことを聞く、
そして、おもしろいことは、心から笑い合う、
そういう時間になれば、
たとえそれが、5分であっても、
子どもの心は満たされると思います。

1 19

13

いつでも気がついたときに、やり直せば、
少々時間はかかっても、
必ず取《と》り戻《もど》すことができるのです。

2 Q2

14

私たちが生きていくうえで、いちばん大切なことは、
『自己評価』『自《じ》己《こ》肯《こう》定《てい》感《かん》』
といわれるものを持つことです。

私は存在価値があるんだ、
大切な人間なんだ、
生きていていいんだ、
という気持ちです。

お母さんに抱《だ》っこされたり、
よしよししてもらったり、
だだをこねたり、
一緒《いっしょ》に笑ったり、

そういうことを通じて、
この気持ちが育《はぐ》まれていくのです。

2 Q2

15

赤ちゃんの時期には、スキンシップが大切です。

抱《だ》いて、
目を合わせて、
笑顔で、
いろいろと話しかけましょう。

これだけで、赤ちゃんは、

「自分が大切にされている」

「自分のことをお母さんが喜んでくれている」

と感じることができます。

お母さんが
ぼくを見て
笑ってる
うれしい!!

16

「赤ちゃんに抱《だ》きぐせを つけてはいけない」

と、言う人がありますが、

これは間違《まちが》っています。

抱《だ》きすぎて具合が悪いということは、
決してありません。

あったかーい
気持ちいーい
ぼくって
大切にされて
いるんだ

17

抱《だ》っこというのは、
子どもにとって、
すごく気持ちのいい
ことです。

1 2

18

何かの事情で、抱《だ》っこができないとき、
赤ちゃんの泣き声は、
さらに激しくなります。

このときの子どもの気持ちは、怒《いか》りです。

ふぎゃーっ

ばた
じた
お母さん、ぼくがこんなに泣いてるのに、どうして抱っこしてくれないの!!

19

怒《いか》りは、怒《いか》りで抑《おさ》えつけるよりも、抱《だ》っこのほうがはるかに早く泣きやむ。

1 2

いつまで泣いてるのよ!!
うるさいわね!!
ふぎゃーっ!!

どうしたの？よしよし
今ごろ遅《おそ》いよっもうっ!!

20

抱《だ》っこしないことが続くと、
赤ちゃんは、
あるときから泣かなくなる。
手がかからないよい子ではないのです。
心のトラブルの始まりです。

お母さーん
早く来てー
そうか、ぼくは甘《あま》えさせてもらえる価値がないんだ……
あれ、最近手がかからなくなったわ

21

自立というのは、親にとっては、
とても手がかかる状態になることです。
すぐに散らかす、
口に何でも物を入れる、
大切な紙を破る。
とても目が離《はな》せません。
しかし、**こういうときの
子どもの目は輝《かがや》いています。**

3 1

22

反抗《はんこう》は、自立のサインですし、イタズラは、好奇心《こうきしん》の表れであり、自発性の育ってきた証拠《しょうこ》です。

31

23

イタズラは、子どもの心の成長にとってとても大切なことなのです。

3 1

24

大人から見れば困った行動でも、子どもなりに、理由があるのです。
大人の都合で、あまりにも、叱《しか》ったり、止めたりしすぎると、
子どもの自立心を奪《うば》ってしまいます。

31

洗濯物
たたもうっと♡
せっかく
干し終わったのに
何してんのよ!!
もー!!

25

遊びに満ちていたはずの子どもの世界が、
今は、指示され、命令され、強制される
「仕事」ばかりになってはいないでしょうか。

それが、子どものやる気をそぎ、
ひいては、学ぶこと、働くことに、
苦痛しか感じられなくさせて
いるように思います。

26

大人が、もう一度、遊び心を取《と》り戻《もど》すこと。

それがそのまま、子どものやる気を育てることになるのです。

31

27

赤ちゃんは、自分の気分や欲求を感じることはできますが、相手の気持ちを理解することはできません。

ルールを作って守らせようとしても、無理です。

赤ちゃんは、それを理解することも、守ることもできないのです。

2 Q3

28

「イヤ、イヤ」と言うのは、
「自分も一個の人間なんだ」
「自分の人格を認めて！」と言っているのです。

この自己主張を認めて、つきあっていくことで
（それは、何もかも言いなりになることとは違《ちが》いますが）、
親に従っても、反抗《はんこう》しても、
親はちゃんと自分のことを見ていてくれるんだ、
ありのままの自分でいいんだ、という自己評価が育《はぐく》まれるのです。

2 Q3

29

かんしゃくは、
子どもが成長する過程で、
どうしても通らなければならないものなのです。
まずは、子どもの心がそこまで
自己主張できるくらい育ってきた証《しょう》拠《こ》で、
喜ぶべきことなのです。

3 Q2

30

かんしゃくを
「わがまま」「悪い子」と
決めつけて叱《しか》るのではなく、
また、かんしゃくを起こしては困るから、と
子どもの言いなりになるのでもなく、
子どもの気持ちを
酌《く》むことが大切です。

3 Q2

わかるよ、
けんちゃんの
気持ち。
そういうことも
あるよね
とんとん
とん
気持ち
いい……

31

泣く、というのは、自分の感情を表現することで、子どもの心の成長のために、とても大切なことなのです。

思いっきり泣く子どもは、
自分の気持ちを、素直に表現できる子どもで、
とてもよいことだといえます。

3 Q4

大丈夫だよ！
よし よし
ぐっすん

32

思いっきり泣く
抱《だ》っこしてもらい、ヨシヨシしてもらう
泣きやむ

この一連のプロセスを何度も何度も繰《く》り返《かえ》すことで、自分の感情を表現してもいいんだ、それをちゃんと受け止めてもらえるんだ、と、自己肯定感《じここうていかん》を育《はぐ》むことになります。

これが、実は、「キレる子ども」になることを防ぐ、いちばんの近道なのです。

3 Q4

33

キレない親になるには、まず子どもの現実を認めることです。

1 15

子どもとはこういうものだ
これが普通の子どもなんだ

1 子どもは、自己中心的です。

あーー
ボクが使うの!!

相手のことを考える能力の前に、まず自己主張する能力が必要です。それが、健全に育っている証拠《しょうこ》です

2 子どもは、失敗します。

あーあ
今度から
卵を持つときは
気をつけようっと

失敗によって、
さまざまなことを学ぶ
機会を得ています

3 子どもは、言うことを聞きません。

言うことを
聞かないのは
自立心の表れです

34

子どもの行動が、

「わざと困らせようとしている」

と考えてしまうと、ついつい腹が立ちます。

子どもがご飯を食べないのは、
まずいからではなく、おなかがいっぱいだからですし、
言うことを聞かないのは、
こちらをバカにしているのではなくて、
子どもだからです。

1 15

35

子どもの言動のすべてを、
親の責任だと考えていると、
いちいち腹が立ちます。

子どもの日々の言動は、たいてい、
子どものもともとの性格による部分が
大きいのです。

子どもの言動をすべて、親が
コントロールすることはできません。

1 15

36

自己評価を育《はぐく》む、ということは、
子どもの今のそのままを認めていくことです。
塾《じゅく》に行っても行かなくても、
勉強できてもできなくても、
子どもなりに、一生懸命《いっしょうけんめい》生きている、
それをまず認めて、
あなたは、とっても素敵だ、
大切な子だ、
ということを伝えていくのです。

3 はじめに

37

しつけも勉強も大事ですが、
生きていていいんだ、
大切な人間なんだ、
存在価値のある人間なんだ、

という気持ちを、
子どもの心に
育てていくことが、
いちばん大事なのです。

11

38

子どもからの「甘《あま》え」がないと
愛情をうまく伝えられません。

「愛情」を大切にするなら、
「甘《あま》え」も大切にすべきなのです。

37

39

私たちは、子ども時代の「甘《あま》え」を、
もっと肯定《こうてい》すべきです。
甘《あま》えは、
人への信頼《しんらい》と思いやりを育《はぐく》みます。

37

40

甘《あま》えない人が自立するのでなく、
甘《あま》えていいときに、
じゅうぶん甘《あま》えた人が自立するのです。

17

41

10歳以下の子どもが、
あまり甘《あま》えてこないときは、
どこかでがまんしているんじゃないか、と考えて、
接する時間を増やしたり、
スキンシップを増やしたりしてみましょう。

叱《しか》りすぎの場合は、しばらく叱《しか》るのを控《ひか》えてみましょう。

1 10

42

「甘《あま》やかす」と「甘《あま》えさせる」を区別することが、子育てのキーポイントといってもいいくらいです。

1 9

「甘《あま》やかす」……してはならない。
過《か》干《かん》渉《しょう》、過保護ともいって、
大人の都合で支配すること。

「甘《あま》えさせる」……よいこと。必要なこと。
子どものペースを尊重すること。

43

子どもの心は、甘《あま》えと反《はん》抗《こう》を繰《く》り返《かえ》して、
大きくなっていくといわれています。

「甘《あま》え」とは「依《い》存《ぞん》」のこと、
「反《はん》抗《こう》」とは「自立」のこと。

この二つを行ったり来たりしながら、
子どもの心は大きくなっていきます。

16

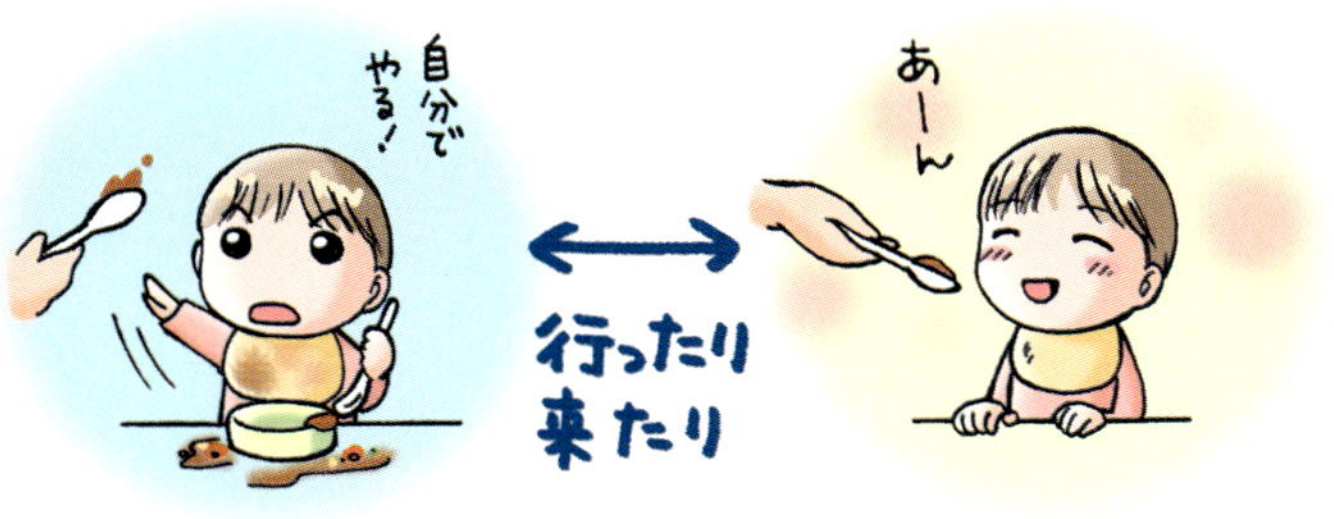

44

子どもが、自立に向かうときには、
親は、行ってらっしゃい、と見守る、
不安になって、頼《たよ》って（甘《あま》えて）きたら、
そのときは、きちんと受け止める。

やはり、子どものペースにつきあう、
ということが大切なのです。

38

45

子どもの話を聞きましょう。

真剣《しんけん》に聞くだけで、
あなたは大切な存在だよ、
と伝えることになります。

1 3

あのね
んっとね
あのね……
うまく話せないけど
聞いてね

46

話を聞くときに大切なこと

1 3

1 子どもの話している時間より、自分の話している時間のほうが、長くなってはいけません。

2 大きくうなずいて、「そうか、そうか」と言って聞く。

3 相手の言葉を繰《く》り返《かえ》す。

こういうことがあって
悔《くや》しかったんだ
そうかー。
悔《くや》しかったんだね
そう！
こういうことで
腹立ったんだ！
なるほどー、
そりゃ腹立つよねー
そう！

これだけで、子どもは、非常によくわかってもらえたという感じがするのです。

47

子どもが全然話をしてこない、
学校のこと聞いても言わない、ということがありますが、
たいてい、そういう場合は、

何か子どもが一つ言ったら
十くらい返しているのです。

1 3

48

「ふん、ふん」と聞いていると、

だんだん子どもはしゃべるようになります。
学校から帰ってきたら、
顔じゅう口にして
しゃべるようになります。

1 3

49

子どもの話を、しっかり聞く。
たとえ親にとって都合の悪いことでも、
正しいことは、ちゃんと認める。

そうすれば、自分の感じ方や判断に、
自信が持てる子に育っていきます。

32

50

自分の意見を問われても、答えられず、
周囲の顔色ばかり見ている子があります。

それはもしかすると、きちんと自分の意見を聞いてもらい、
正しいことは正しい、
誤解していることについては
「こういう見方もあるよ」と
教えられていないからかもしれません。

3 2

子どもは、まず、自分のつらさを
わかってほしいのです。

「つらかったんだね」
「嫌《いや》だったんだね」などと、
わかったということを伝えてほしいのです。

その安心感が心の支えになり、
苦しみを乗《の》り越《こ》える力になるのです。

2 Q10

52

完璧主義《かんぺきしゅぎ》の子は、ちょっと叱《しか》られても、
全部を否定されたように思います。

こちらは100のうち、10が間違《まちが》いだよね、と言っているのに、
本人は、100全部否定されたように思っています。

きちんと言葉にして、
90は、すごくいいよ、だから、あと10だけ、改めようね、
と言っていくのです。

2 Q14

53

「自己評価」とは、

自分は生きている意味がある、
存在価値がある、
大切な存在だ、
必要とされている、

という感覚のことです。

これが生きていくうえで、
いちばん大切です。

54

キレない子に育てるために、
親にできることは、
子どもの気持ちを酌《く》んで、
それを否定せず、
「嫌《いや》だったね」
「腹が立ったんだね」
「悔《くや》しかったね」
と、言葉にして返すことです。

3 Q6

55

「甘《あま》え」と「反抗《はんこう》」を繰《く》り返《かえ》す子どもに、
どういう態度で接すればいいのでしょうか。

「子どもの揺《ゆ》れにつきあう」

まず子どもの足で歩かせる。
大人は同じ速さでついていく。
子どものペースを尊重する。

3 5

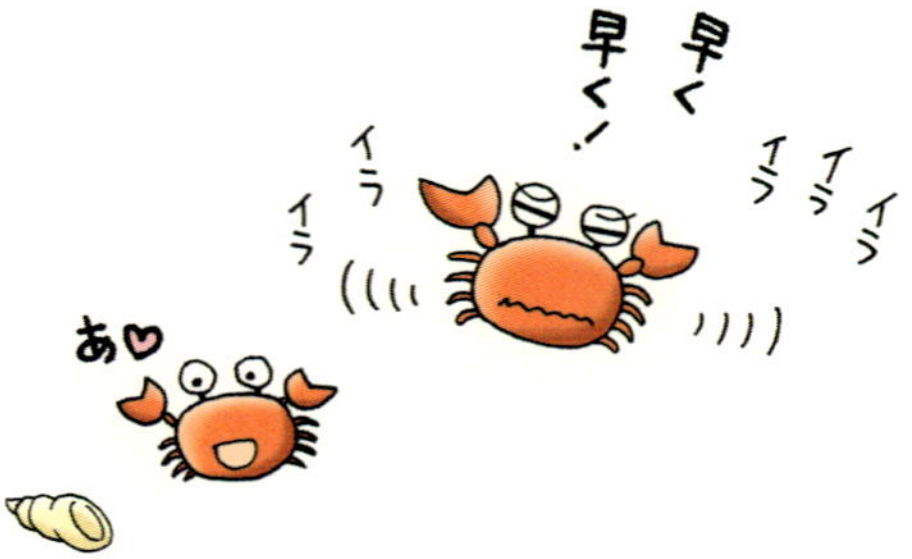

56

もし、子どもが不安になって、後ろを振《ふ》り返《かえ》ったら、
そこには、ちゃんと親がいて、大丈夫《だいじょうぶ》だよ、
とうなずいてくれる、
そういう関係を
築いていきましょう。

1 6

57

自分で悩《なや》んで、考えて、成《な》し遂《と》げることで、初めて子どもは自信を持つのです。

人から言われたとおりにやって、成功しても、子どもの自信にはなりません。

ですから、できるだけ手出し口出しは控《ひか》えたほうがよいのです。

3 3

58

大切なことは、失敗するかどうかではなく、失敗したときに、周囲がそれをどう評価したか、ということです。

33

59

わがままな子が、不登校や心身症《しんしんしょう》、拒食症《きょしょくしょう》になるのではありません。

マイペースにできず、ひたすら人に合わせようとして、無理を続けてきたからです。

39

60

子どもが反抗《はんこう》するのは、ちゃんと育ててきた証拠《しょうこ》で、喜ぶべきことです。

思春期に、まったく反抗《はんこう》しない子のほうが、医者としては心配です。

3 4

61

子どものしつけでいちばん大切なことは、親自身が、身をもって、あるべき姿を示していくこと。

親が、子どもに、してほしいと思うことを、親自身がふだんから、子どもの前でしていく。そうすると、自然と子どもはまねていきます。

1 14

子どもには、どんどん失敗させましょう。

先回りして、指示、命令するのでなく、
失敗から学ぶことを教える。
失敗したときに、それを責めずに、
今後、どうしたら
同じ失敗をしなくなるか、
一緒《いっしょ》に考えてみます。

1 14

63

子どもの問題は子どもに解決させる。子どもの問題を大人のほうに取ってしまわない。

2 Q13

子どもに任せると、一時は、今までやっていたことをやらなくなることもありますが、しだいに、自分でやろうとする意欲を持ち始めます。

遅刻しないように！
忘れ物はない？
先生から注意されてない？
宿題はやったの？
友達ちゃんとできてる？

64

親の言葉で、子どもの行動を方向づけするとするなら、親が、「私は」を主語にして、「うれしい」「悲しい」という言葉を使うのがいいのです。

子どもは、親に、喜んでほしい、悲しませたくない、という気持ちが、非常に強いです。

ただ「これをしなさい」「これはしちゃいけない」と言うより、その気持ちに訴《うった》えかけるほうが、子どもには伝わります。

1 14

きちんとしつけなきゃならない、と思って、
子育てが負担になり、イライラしていると思ったら、
いったん、**しつけなんて、**
もうヤ～メた！と、放棄《ほうき》して、
肩《かた》の荷を下ろして、
深呼吸してください。

そのほうが、よほど子どもの将来のためにいい、
ということもあるのです。

1 14

やーめたっと！

66

子どもを叱《しか》るときに大切なポイント

1 12

1 「おまえは、○○だ」というような、全人格を否定する言い方をしない。
「○○するのは、よくない」という言い方をする。

おまえは、なんてダメなやつなんだ

2 何を叱《しか》られているのか、わかる叱《しか》り方《かた》をする。

3 今後、叱《しか》られないためには、どうしたらいいか、を伝える。

もー
いいかげんにしてよー
じょーだんじゃないわよー!!
なに……?

欲しいときは、いきなり取らずに、〝貸して〟って言うのよ

67

比《ひ》較《かく》的《てき》、叱《しか》ってもかまわない子

1 わりと自分に自信があって、何事に対しても前向きで積極的な、情《じょう》緒《ちょ》的《てき》に安定した子。

1 11

2 のんびりした子。おおらかな、物事にこだわらないタイプの子。

68

叱《しか》るのに注意が必要な子

1 非常に気が小さい子。

2 意地っぱりで頑《がん》固《こ》で、「どーせ」とか言う、いわゆるカワイくない子。

69

言っても言っても全然素直じゃないし、
反発してくるタイプの子は、
本当はとてもナイーブで、けっこう傷ついています。

しかし、それをうまく表現できなくて、
意地を張るとか突《つ》っ張《ぱ》るという形でしか出せないのです。
だから、本当は、人の2倍・3倍傷ついているのです。

1 11

70

叱《しか》る前に10秒数えて怒《いか》りを静めましょう。

1 12

子どもが謝らないのは――

本当にプライドの高い、自己評価の高い子であれば、むしろ、自分の非を認めることができます。相手に謝ることができます。

非を認めることができないのは、一見、プライドが高そうに見えても、実は、逆に、自己評価がとても低いからなのです。

2 q14

すでに相当、自己評価が
低くなっている子が
自己評価
ここだけは
守らなきゃ！
自分の非を認めると――
謝りな
さーい！
う〜
自分の存在価値は
ゼロになってしまいます
0
あー！
やっと
認めたな
パン
パン

72

非を認めさせようと、徹底的《てっていてき》に追《お》い詰《つ》めるのではなく、
いったん、この子の言い分を認めましょう。

本人なりに、叱《しか》られまいと努力した部分を認める。

そのうえで、
でも、こういうことは、よくないよね、
と言うと、比較的《ひかくてき》すんなり
言うことを聞いたりします。

2 Q14

73

大人と子どもの関係というのは、二《に》人《にん》三《さん》脚《きゃく》みたいなものだと思っています。

二《に》人《にん》三《さん》脚《きゃく》というのは、一方が焦《あせ》って速く走ろうとしても、もう一方のペースに合わせなければ、前へ進みません。

こちらがペースをいったん落として、二人の呼吸が合ってくると、案外速く進みます。

3 Q5

74

「よく○○しているね」「よく○○したね」という肯定的《こうていてき》な言葉をかけていきましょう。

もっと、勉強したら？
もう少し漢字の練習しようね

2 Q5

こんなに暑いのに
よく勉強しているね

同じ物事でも、必ずプラスの見方とマイナスの見方があります。

マイナスの見方を、プラスに変えることで、気持ちまで、ずいぶん変わってくることがあるのです。

75

サンドイッチ法
子どもをやる気にさせる注意のしかた

1 13

●まず注意する

●次に子どもを認める

●認めたあとに、もう一度注意する

×

またおまえか!
いつも こんなこと やっちゃいかんと 言っているだろうが! 何度言ったら わかるんだ
ちょっと言いすぎたかな
確かに君も 花の水やりを してくれることは あるよ。 そういうことは いいよ
でもつけあが らせたらいかん
だけど またこんなこと やったらもう 全部だいなしだ!!
ゴゴゴ

○

●まず子どもを認める

●次に注意する

●注意したあとに、もう一度認める

君、いつも花の水やりとかいろいろやってくれてるね。ありがとう
ところでさっきはどうして女の子をたたいたりしたの?
ずっと泣いてたよ。そういうことはしちゃダメだよ
君みたいにいつもがんばってる子があんなことをするのは何か事情があったんじゃないの?
よかったらちょっと言ってごらん

子どもの悪い点を注意するときに、その前後を、子どもの長所ではさむ言い方です。

76

相手の心を、こちらに開かせようとするときに
どうしたらいいかというと、
相手を上げて、こちらを下げる。

がんばっているのは、あなた、
がんばっていないのは、自分。

そうすると、相手の心は、必ずこちらに向かいます。

3 Q10

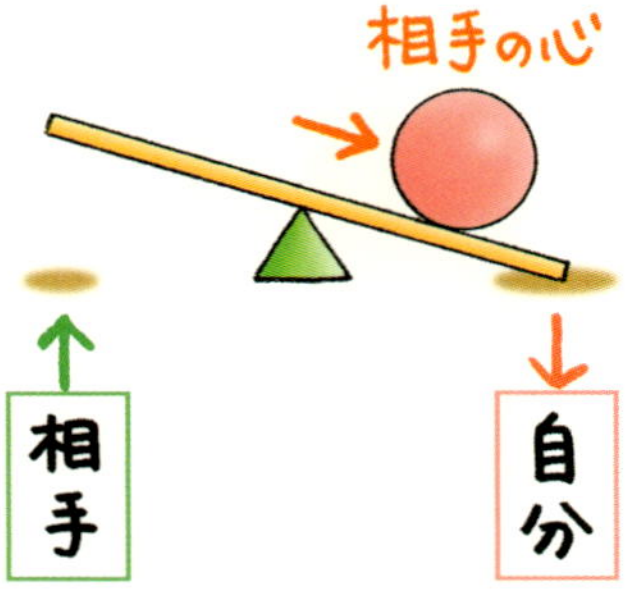

77

「やればできるんだから」という言葉は、
私たちはほめ言葉と思っています。しかし、
「やればできるのに、できないのは、
あんたが怠《なま》けているからだ、
たるんでいるからだ」

と伝わってしまうと、いくら言われても、
ほめ言葉どころか、責められていると感じるだけで、
やる気はどんどんなくなっていきます。

2 Q6

78

おじいさん、おばあさんに子どもを
見てもらえる人は、
子育てを任せきりにしない。

大事なところは、親が押《お》さえておかないと、
そのツケは必ず後で返ってきます。

1 19

79

たたいたり、物を取ったりするのは、
決して、わがままではありません。
「お母さん、ぼくのことも見て！
ぼくも抱《だ》っこしてよ！」
というサインなのです。

2 Q16

ぼく本当は お母さんが大好き
いっぱい いっぱい ぼくを愛して！

80

保育園で過ごす時間の長さは
子どもの発達にほとんど影響《えいきょう》せず、
家族で食事をしているかどうかが、
子どもの発達を左右する。

（平成16年5月　厚生労働省研究班）

1 18

81

子どもがお母さんに求めることは「失敗してほしい！」

3 Q1

とぼ
とぼ
あーあ。家の鍵《かぎ》なくしちゃった……
とぼ
お母さんに叱《しか》られるかなぁ……
あれ、お母さんだ。家の前で何してるの？
そわ
そわ
うろ
うろ
買い物に出たらどこかで鍵《かぎ》を落としてきちゃったみたい
えー!!お母さんもー!?
とっぷり
そう！
──それで今まで待ってたの？

母子家庭だから問題が起きることはありません。
一人で子どもを育てる、というのは、本当にたいへんなことです。
そのたいへんなことをしている自分を、ぜひ、ほめてあげてほしいのです。
そういうりっぱなお母さんに育てられた子どもは、きっと幸せです。

3 Q9

83

私たちの心の中には、
怒《いか》りやねたみ、悲しみなどの
マイナスの感情があります。

それを、いっさい出してはいけない、と抑《おさ》え込《こ》んでしまうと、
どこかで爆発《ばくはつ》するか、逆に、体の内部に広がって、
さまざまな心身症《しんしんしょう》の原因になってしまいます。

大切なのは、抑《おさ》え込《こ》むことではなく、
無害な形（言葉）に変えて、吐《は》き出《だ》すことです。

3 Q6

84

キレない子に育てるには、「キレない親になること」です。

コラム 1

85

「体罰《たいばつ》を加えると、そのときは言うことを聞くようになるが、
長期的には、暴力的になったり、反社会的になったり、
という悪影響《あくえいきょう》が出てくる」
という調査結果が出ています。

2 q15

86

「将来、問題を起こさない子に育てるには、小さいころから厳しくしつけなければならない」という考えは、間《ま》違《ちが》っています。

むしろ、親が一生懸命《いっしょうけんめい》、子どもをしつけようとしたことが、逆効果になっているケースが増えています。

3 11

87

3歳までにいちばん大切なことは、

子どもに安心感を与《あた》え、
自分はこの世の中に、生まれてきてよかったんだ、
周りは自分を大切にしてくれるんだ、という、
基本的信頼感《きほんてきしんらいかん》、自己肯定感《じここうていかん》を育《はぐく》むことなのです。

クイズ 2

88

時には、
お母さんと子ども、
一対一のラブラブタイムを
作ってみてはいかがでしょう。

ふだん、自分よりも弟、妹のほうが大事なんだ、とすねている子も、こういうことによって、やっぱり自分も大切にされているんだ、と感じることができるようになります。

2 Q11

89

基本的には、

きょうだいげんかには、
親は立ち入らない。
子ども同士のけんかにも、
親は立ち入らない。

これが原則です。

2 Q12

90

熟年離婚《じゅくねんりこん》の夫婦の溝《みぞ》は、
子育ての時期に始まっている
ことが多いのです。

2 Q18

91

父親にとって、子育ては、
「手伝ったり」「参加したり」
するものではなくて
父親になったときから、
母親と同じように、
日々の生活に、当然
ついて回るものなのです。

1 20

92

お互いに心がけること

2 Q18

夫が心がけること

妻から一度、言われたら、ちゃんとやる。
すぐに対応する。
妻が困っているときは必ず相談に乗る。

妻が心がけること

男の人というのは、言わなければわからないものなんだ、と割り切る。
後で不満として出すのではなく、そのつど言う。
やってくれたときに、
「さすがお父さん」などと言うと、
とてもやる気が出る
単純な生き物なんだ、と知って、
対応していく。

93

どうしても子どもを愛せない場合もあります。自分を責める必要はありません。

適切なサポートを得て安定すれば、必ず子どもへの気持ちも育ってきます。

1 2

94

子どもを守ろうとするなら、まず、それを支えているお母さんを守らなければなりません。

1 16

95

周囲の人が理解しようとしまいと、

私は私でいいんだ、
この子はこの子でいいんだ

と思えることが、必要になります。

1 21

96

相手と自分との間に境界線を引く。

他の人の意見はそれなりに尊重すべきではありますが、他人が自分のことをすべて知って言っているわけではないし、正しいとは限りません。

ましてや、その人の言うとおりに従わなければならない理由はありません。

最終的には、自分で判断し、自分で行動を決めればよいのです。

1 21

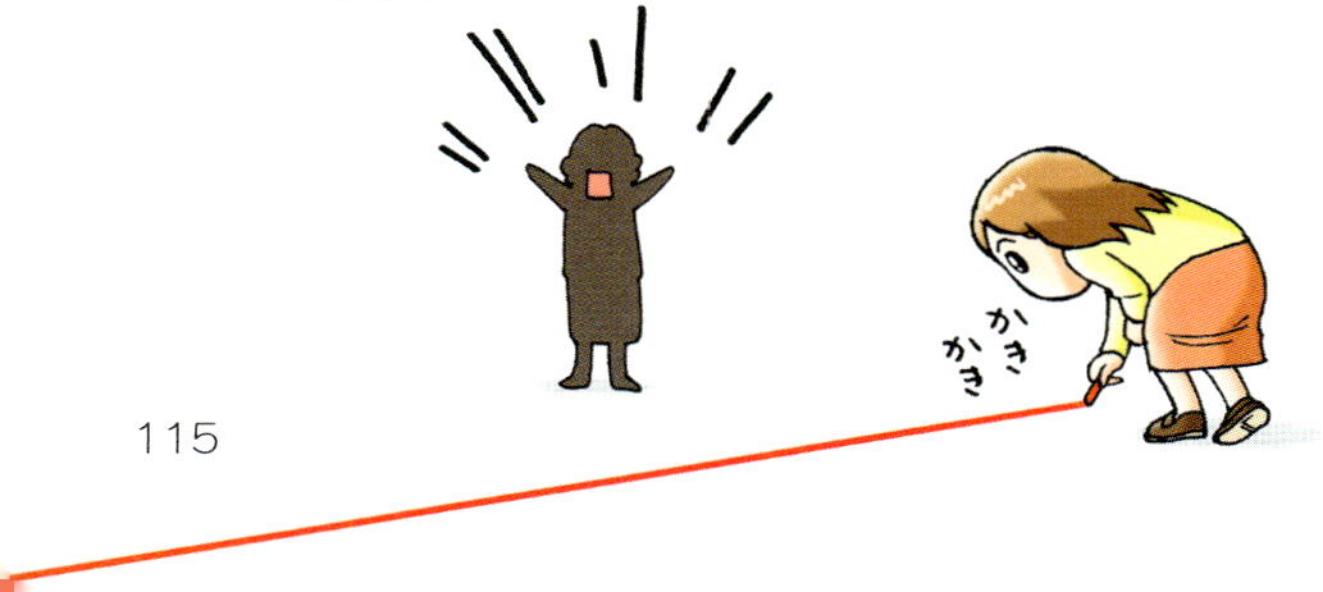

97

子育てには、いろいろな考え方があると思いますが、
どんな場合でもこれだけは忘れては
いけないということは――

子どもを、
自分の持ち物のように思わない、

ということだと思います。

2 Q1

98

子どもといっても、一人の、人格を持った人間です。

子どもの人生は子どもの人生、
親の人生とは別です。

2 Q1

99

不幸は決して
絶対的な不幸ではなく、
どんな場合でも、
幸せに転じ変わる可能性を持っている、
ということです。

そういう意味で、
子育てというのは、
トラブルがないならないで楽しいし、
あったらあったで、なお楽しい、
幸せをもたらしてくれるものだと思います。

3 Q12

100

子が宝なら、母親もまた宝。

みんなで、この国の宝を、応援《おうえん》していこうではありませんか。

1 22

〈イラスト〉

太田　知子（おおた　ともこ）

昭和50年、東京都生まれ。イラスト、マンガを仕事とする。３歳の娘の母。

仕事はたいへんですが、子どもにいやされる日々。

〈著者略歴〉

明橋　大二（あけはし　だいじ）

昭和34年、大阪府生まれ。
精神科医。
京都大学　医学部卒業。

国立京都病院内科、
名古屋大学医学部附属病院精神科、
愛知県立城山病院をへて、
真生会富山病院心療内科部長。

児童相談所嘱託医、
小学校スクールカウンセラー、
NPO法人子どもの権利支援センターぱれっと副理事長。
著書『なぜ生きる』（共著）
　『輝ける子』
　『思春期に がんばってる子』
　『翼ひろげる子』
　『この子はこの子でいいんだ。私は私でいいんだ』
　『子育てハッピーアドバイス』など。

子育てハッピーエッセンス100%

平成19年（2007）2月6日　第1刷発行

著　者　明橋　大二
イラスト　太田　知子

発行所　1万年堂出版
〒101-0052　東京都千代田区神田小川町2-4-5F
電話　03-3518-2126
FAX　03-3518-2127
http://www.10000nen.com/

印刷所　凸版印刷株式会社

ISBN978-4-925253-26-0　C0037

子育てハッピーアドバイス

スクールカウンセラー・医者
明橋大二 著

イラスト＊太田知子

家族みんなが
笑顔になれる! Q&A集

●定価880円（5%税込） 四六判
160ページ　4-925253-22-0

〝輝ける子〟に育つ
とっても大切なこと

●定価980円（5%税込） 四六判
192ページ　4-925253-21-2

ハッピー仲間へ、ようこそ。

「すてきな本があるから誕生日プレゼント♪」と言って、友達から頂きました。マンガになっているし、カラーだし、しかも読みやすい!! 読んでいるうちに、どんどん心が楽になり、ホッとし、ハッピーになりました。子どもが昼寝している間に読んでしまいました。私の子育ての教科書です!!

（大分県　31歳・女性）

毎日、子育てに悩んでいます。この本を読んで、涙が出ました。特に「子育てに、自信がないことに、自信を持ってください」の言葉が心に残りました。心が楽になりました。

（愛媛県　30歳・女性）

著者の明橋先生

大好評の

「キレない子」「輝ける子」に育てる大切な心がけ

◉定価880円（5%税込）四六判
160ページ　4-925253-23-9

三歳の娘の気持ちが、分かるようになりました。この本のアドバイスのとおりにすると、二週間ほどで、**子どもが生き生きとしてきて、目にも輝きが出てきました。**のびのび育てるコツを教えてもらえました。何度も読みかえしていきたいと思います。

（大阪府　33歳・女性）

二歳になった子がいますが、最近、何を言っても「イヤー！　イヤー！」と言います。本書の**「子どもが反抗するのは、ちゃんと育ってきた証拠で、喜ぶべきことです」**を見て安心しました。子育てに自信は全くありませんが、この本を参考にしながら、マイペースでいけたらな、と思います。

（福井県　22歳・女性）

✲読者の皆様からのお便りを紹介します。

生きることの壁にぶつかって停滞していた私に、前向きに生きるエネルギーを与えてくれました。いろいろな人生論を読み、「なぜ生きねばならないのか」という答えに飢えていた私に、きちんと答えをくれた本は、この本だけでした。私の「生涯の一冊」になりそうです。（大分県　32歳・女性）

毎日、平凡な、変わりばえのしない生活の中で、さらに離婚をして、これからどうやって生きていけばいいのか?と思い悩んでいた時、本書に出会いました。格好悪くても、一生懸命生きることの大切さを教えていただきました。

これからもつまずき、思い悩みながら生きていくことになると思いますが、本書を読み返し、がんばっていこうと思います。（福島県　35歳・女性）

私は、夢を抱いて就職をしましたが、自分の弱さに負け、三カ月で辞めてしまいました。そのことをずーっと引きずってしまい、後悔ばかりして、今までがんばってきたことは何だったのか、分からなくなり、生きる目標を見失ってしまいました。

そしてこの本に出会い、読み進めていくうちに、少しずつ、もう一度、人生リセットして、前向きに生きてみようという気持ちになりました。（広島県　21歳・女性）